VIENTO CONTRARIO

AZOTADOS POR LAS OLAS

ALFREDO E. PHIPPS, JR.

Casa Editorial Phipps, LLC

Library of Congress Control Number: 2026906081

ISBN: 978-1-7358007-9-0 – Pasta blanda

ISBN: 979-8-9917311-2-6 – EPub

TABLA DE CONTENIDO

DEDICATORIA   IV

INTRODUCCIÓN GENERAL EDITORIAL   V

EPÍLOGO TEOLÓGICO   VII

PRÓLOGO   VIII

1. El Mar en la Teología del Antiguo Testamento   1

2. Jesús y el Dominio Divino sobre el Caos   4

3. El "Yo Soy" en Medio de la Tormenta   8

4. Autoridad Soberana: El Cristo que Envía   11

5. La Barca y la Iglesia en la Historia de la Redención   14

6. Hombre que Ora, Dios que Gobierna   17

7. La Tormenta como Escenario de Revelación   20

8. Cristología y Confesión: "Verdaderamente eres Hijo de Dios"   23

9. Implicaciones Doctrinales para la Iglesia Hoy   27

10. Descansando en el Señor del Mar   30

CONCLUSIÓN   33

ACERCA DEL AUTOR   35

BIBLIOGRAFÍA   36

DEDICATORIA

A la Iglesia que navega en medio del viento contrario.

A los pastores que reman fielmente aunque la noche sea larga.
A los creyentes que perseveran cuando las olas golpean con fuerza.
A las comunidades que han aprendido a confesar a Cristo no solo en la calma, sino en la tormenta.
Y, sobre todo,
a mi Señor Jesucristo,
quien camina sobre el caos
y transforma el miedo en adoración.
"Verdaderamente eres Hijo de Dios."

INTRODUCCIÓN GENERAL EDITORIAL

Viento Contrario: Azotados por las Olas

Cristología Revelada en Mateo 14

El presente libro nace de una convicción profunda: los relatos evangélicos no son simples narraciones devocionales diseñadas únicamente para consolar al lector, sino proclamaciones teológicas cuidadosamente construidas para revelar la identidad de Jesucristo.

El episodio de Mateo 14 —el envío de los discípulos al mar, el viento contrario, la caminata de Jesús sobre las aguas y la confesión final "Verdaderamente eres Hijo de Dios"— constituye uno de los momentos cristológicos más densos del Evangelio según Mateo.

Este relato no es una historia aislada de fe individual frente a la dificultad. Es una revelación progresiva del señorío de Cristo sobre el caos, una afirmación implícita de su identidad divina y una invitación a la Iglesia a interpretar sus propias tormentas a la luz de esa verdad.

A lo largo de estos capítulos, exploraremos:

- El simbolismo del mar en el Antiguo Testamento.
- El dominio exclusivo de Yahvé sobre el caos.
- La autoridad soberana de Cristo al enviar.
- La unión de su humanidad y divinidad.
- El significado teológico del "Yo Soy."
- La dimensión eclesiológica de la barca.
- La tormenta como escenario pedagógico.
- La confesión cristológica como fundamento de adoración.

Este libro no pretende agotar el misterio de la encarnación ni ofrecer una cristología exhaustiva. Más bien, busca invitar al lector a contemplar el texto bíblico con profundidad exegética y reverencia doctrinal.

Vivimos en tiempos de viento contrario: incertidumbre cultural, crisis espiritual, presión social y desafíos internos dentro de la Iglesia. En tales contextos, es fácil reducir la fe a mera supervivencia emocional. Mateo 14 nos recuerda que la Iglesia no navega en incertidumbre teológica. Navega bajo la autoridad del Señor del mar.

Si el Cristo de Mateo 14 es verdaderamente quien el texto revela —Señor soberano, Dios encarnado, Señor digno de adoración— entonces ninguna tormenta redefine nuestra identidad.

La exégesis correcta produce confianza firme.

La cristología elevada produce adoración profunda.

La comprensión bíblica produce descanso real.

Este libro es una invitación a mirar nuevamente el mar...

pero, sobre todo, a mirar al que camina sobre él.

EPÍLOGO TEOLÓGICO

Más allá de la tormenta

El relato de Mateo 14 no termina en el mar. Termina en adoración.

La barca no fue destruida.

La fe no fue extinguida.

La identidad de Cristo no fue disminuida por el viento.

Cada generación de la Iglesia enfrentará su propio mar.

Habrá temporadas donde el viento parezca contrario a la misión.

Habrá momentos donde la oscuridad nuble la percepción.

Habrá instantes donde el miedo distorsione la visión.

Sin embargo, la verdad revelada en Mateo 14 permanece constante:

Cristo no compite con el caos.

Cristo lo gobierna.

La fe no es optimismo ingenuo. Es confianza fundamentada en identidad revelada.

El Señor del mar sigue diciendo:

"Yo Soy."

Y mientras esa voz continúe resonando en la Iglesia, la barca avanzará.

No porque el viento sea débil,

sino porque el Señor es soberano.

PRÓLOGO

En la historia de la teología cristiana, algunos textos bíblicos han servido como pilares fundamentales para la comprensión de la persona de Cristo. Mateo 14 es uno de ellos.

Aunque a primera vista pueda parecer un relato narrativo sencillo, contiene una profundidad cristológica que ha sostenido la fe de generaciones.

Este libro surge de la convicción de que necesitamos recuperar una visión alta de Cristo. En tiempos donde la fe puede diluirse en sentimentalismo o reducirse a pragmatismo religioso, volver al texto bíblico con reverencia exegética es esencial.

El autor no pretende presentar una especulación novedosa, sino una lectura fiel al texto bíblico, arraigada en las Escrituras y enriquecida por siglos de reflexión y estudio dentro de la Iglesia cristiana.

El lector encontrará aquí no solo análisis gramatical y referencias intertextuales, sino también una invitación pastoral: contemplar a Cristo con mayor claridad.

Porque cuando la Iglesia ve a Cristo correctamente, adora correctamente.

Y cuando adora correctamente, descansa correctamente.

Que estas páginas conduzcan no solo a mayor comprensión, sino a mayor reverencia.

1

EL MAR EN LA TEOLOGÍA DEL ANTIGUO TESTAMENTO

El simbolismo del mar en la mentalidad hebrea

Para comprender plenamente la cristología implícita en Mateo 14, es imprescindible retroceder al Antiguo Testamento y entender cómo el pueblo hebreo concebía el mar. En la cosmovisión moderna occidental, el mar puede representar belleza, turismo o descanso. Sin embargo, en la mentalidad bíblica antigua, el mar simbolizaba algo mucho más profundo: caos, amenaza, misterio y poder indomable.

Israel no fue una nación marítima. A diferencia de los fenicios o los griegos, los hebreos no desarrollaron una cultura naval significativa. Para ellos, el mar representaba aquello que escapa al control humano.

Cuando Mateo coloca a los discípulos en medio del mar, no está simplemente ubicándolos geográficamente; está introduciéndolos en un espacio teológicamente cargado.

2. Génesis 1 y el caos primordial

Libro del Génesis 1:2 declara:

"La tierra estaba desordenada y vacía, y las tinieblas estaban sobre la faz del abismo."

El término hebreo *tehom* (abismo) describe profundidad acuática caótica. El Espíritu de Dios se mueve sobre las aguas, imponiendo orden sobre el desorden.

Aquí aprendemos un principio fundamental: El mar no es autónomo. El caos no es soberano. Dios es quien establece límites.

Este trasfondo es esencial porque cada vez que el Nuevo Testamento presenta a Jesús dominando el mar, está evocando esta imagen fundacional de creación.

3. El Éxodo: Yahvé sobre las aguas

Libro del Éxodo 14 describe el cruce del Mar Rojo.

El mar se convierte en frontera entre esclavitud y libertad. Pero solo Yahvé puede abrirlo.

Israel no domina el mar. No negocia con el mar. No controla el mar.

Yahvé lo divide.

El acto no es simplemente milagroso; es revelatorio. El Dios que creó el mar ahora lo somete para salvar a su pueblo.

Mateo 14 debe leerse a la luz de este trasfondo: el mar como escenario donde Dios demuestra su supremacía redentora.

4. Job 9:8 y la exclusividad divina

Libro de Job 9:8 afirma:

"Él solo extendió los cielos, y anda sobre las olas del mar."

Observe el énfasis: Él solo.

En el contexto del Antiguo Testamento, caminar sobre el mar no es metáfora poética ligera. Es afirmación de autoridad divina exclusiva.

Cuando Mateo describe a Jesús caminando sobre el agua en el desarrollo posterior del relato, está aplicando a Jesús una prerrogativa que el Antiguo Testamento reserva para Yahvé.

La implicación cristológica es monumental.

5. Salmo 107: la tormenta y la liberación

Libro de los Salmos 107:23–30 presenta un paralelo impresionante:

Los que descienden al mar en naves... Ven las obras de Jehová... Él habló e hizo levantar viento tempestuoso... Clamaron a Jehová... Y los libró.

El patrón es claro:

- Viento levantado.
- Olas elevadas.
- Angustia humana.
- Clamor.
- Intervención divina.
- Calma.
- Llegada al puerto deseado.

Mateo 14 reproduce este patrón, pero con una diferencia clave: Jesús ocupa el lugar funcional que el Salmo atribuye a Yahvé.

6. El mar como imagen escatológica

Incluso en la literatura profética, el mar representa fuerzas hostiles que Dios finalmente someterá.

En Libro de Isaías 27:1, Dios derrota al monstruo marino, símbolo del caos.

En Libro de Daniel 7, las bestias emergen del mar, representando imperios caóticos.

El mar es constantemente símbolo de poder amenazante bajo el control final de Dios.

7. Conclusión del capítulo

Cuando Mateo describe a los discípulos en el mar, azotados por viento contrario, no está narrando simplemente una experiencia náutica. Está ubicándolos en el escenario bíblico del caos controlado por Dios.

El lector judío del primer siglo entiende algo que el lector moderno puede pasar por alto: solo Dios gobierna el mar.

Por lo tanto, cuando Jesús interviene, Mateo está sugiriendo algo radical.

No se trata simplemente de un maestro carismático.

Se trata de alguien que actúa con autoridad sobre el dominio que el Antiguo Testamento reserva exclusivamente para Yahvé.

Y si eso es cierto, entonces la tormenta no es solo prueba para los discípulos.

Es revelación sobre la identidad de Cristo.

2

Jesús y el Dominio Divino sobre el Caos

Del símbolo al cumplimiento

En el capítulo anterior establecimos que el mar, dentro de la teología del Antiguo Testamento, representa caos, amenaza y fuerzas que solo Yahvé puede someter. Ahora debemos dar el siguiente paso hermenéutico: ¿qué está haciendo Mateo cuando presenta a Jesús enviando a sus discípulos al mar y posteriormente dominándolo?

La narrativa no es accidental. Mateo no escribe como un cronista neutral. Es un teólogo narrador. Su evangelio está cuidadosamente estructurado para revelar progresivamente la identidad de Jesús.

En Mateo 8, Jesús calma la tempestad. En Mateo 14, Jesús camina sobre el mar.

La progresión es significativa. Primero demuestra autoridad sobre el mar desde la barca; luego demuestra autoridad sobre el mar caminando sobre él.

Este desarrollo no es simplemente milagroso. Es cristológico.

2. El verbo que cambia la escena: autoridad soberana

En Mateo 14:22 encontramos nuevamente el verbo ἀναγκάζω (*anankázō*). Jesús obliga a los discípulos a entrar en la barca.

Este detalle es teológicamente denso. Jesús no reacciona ante la tormenta; Él dirige el proceso que conduce hacia ella.

Esto implica algo profundo: el caos no sorprende a Cristo. No lo toma desprevenido. No altera su plan. El mar no es un accidente en el relato. Es parte del escenario dispuesto.

En la Escritura hebrea, Yahvé no solo calma el mar; Él también lo convoca. Salmo 107 declara que Dios habló e hizo levantar viento tempestuoso.

Por lo tanto, si Jesús dirige a sus discípulos hacia el mar sabiendo la oposición que enfrentarán, Mateo está presentándolo como Señor soberano sobre los eventos, no como víctima de circunstancias.

3. El imperfecto que revela continuidad

En Mateo 14:24 se utiliza el verbo ἦν (era) en imperfecto: "el viento era contrario".

El imperfecto griego describe acción continua en el pasado. Esto no fue un incidente breve. Fue una condición sostenida.

¿Por qué es importante este detalle gramatical?

Porque muestra que la oposición no fue simplemente una ráfaga inesperada. Fue una experiencia prolongada dentro del plan divino.

En otras palabras, la duración de la prueba también estaba bajo control.

La soberanía de Cristo no solo cubre el inicio del proceso, sino también su duración.

4. Jesús y el eco de Job 9:8

Libro de Job 9:8 afirma que Dios "anda sobre las olas del mar".

Cuando Mateo más adelante describe a Jesús caminando sobre el agua, está evocando este texto sin citarlo explícitamente. Esto es lo que llamamos una alusión intertextual.

El lector judío conocía Job. Sabía que caminar sobre el mar era atributo divino exclusivo.

Por lo tanto, Mateo no está simplemente diciendo que Jesús realizó un acto impresionante. Está sugiriendo que Jesús participa de la autoridad divina que el Antiguo Testamento atribuye solo a Yahvé.

Este no es un milagro aislado; es una declaración de identidad.

5. El dominio sobre el caos como señal mesiánica

En la literatura judía del período del Segundo Templo, el Mesías esperado tenía autoridad, pero no necesariamente prerrogativas divinas explícitas. Mateo va más allá de una simple expectativa davídica.

Aquí no vemos solo al descendiente de David. Vemos al Señor del caos.

Esto amplía la comprensión del Mesías. Jesús no es únicamente el rey prometido; es el Señor que ejerce dominio sobre aquello que solo Dios domina.

La cristología de Mateo no es baja. Es elevada. Es implícita pero contundente.

6. La teología del control divino

El mar, en la narrativa bíblica, nunca es independiente de Dios. Incluso cuando simboliza amenaza, permanece bajo su gobierno.

Aplicando esto al texto de Mateo, debemos afirmar que la tormenta no compite con la autoridad de Cristo.

El caos no es rival divino. No existe dualismo cósmico. No hay lucha entre fuerzas iguales.

Cristo no está tratando de ganar control. Él ya lo posee.

La tormenta, entonces, no es escenario de incertidumbre divina, sino escenario de revelación humana.

Los discípulos necesitan descubrir quién está con ellos.

7. Dominio y revelación progresiva

Mateo organiza su evangelio para llevar al lector hacia una confesión final.

En Mateo 14:33, los discípulos dicen: "Verdaderamente eres Hijo de Dios."

Esa confesión no surge en la calma de la multiplicación, sino en la tensión de la tormenta.

Esto nos enseña algo teológicamente significativo: la revelación profunda de Cristo muchas veces ocurre en medio del caos controlado.

La tormenta es pedagógica.

No revela que Jesús está aprendiendo a gobernar. Revela que los discípulos están aprendiendo quién es Él.

8. El Cristo que ora y gobierna

Un aspecto fascinante del relato es la doble acción de Jesús:

- Está en el monte orando.
- Está consciente del proceso en el mar.

Aquí se entrelazan sus dos naturalezas. Como hombre, ora. Como Señor, gobierna.

La oración no implica debilidad ontológica. Implica relación intratrinitaria y dependencia funcional en la economía de la encarnación.

El Cristo que ora no deja de ser el Cristo soberano.

Esta tensión es parte de la riqueza cristológica del texto.

9. Aplicación doctrinal para la Iglesia

Si Jesús es el Señor del caos, entonces la Iglesia no interpreta las tormentas como abandono divino.

La presencia de oposición no implica ausencia de autoridad.

En la historia de la Iglesia, los períodos de persecución, crisis y presión no han demostrado debilidad de Cristo, sino su dominio soberano a través del sufrimiento de su pueblo.

La teología del dominio de Cristo sobre el mar nos invita a confiar en su gobierno incluso cuando las olas parecen intensas.

10. Conclusión del capítulo

Mateo 14 no presenta simplemente un milagro sobre la naturaleza. Presenta una revelación progresiva de identidad.

Jesús no es solo maestro. No es solo profeta. No es solo rey davídico.

Es el Señor que domina el dominio que el Antiguo Testamento reserva para Yahvé.

El mar, símbolo del caos, se convierte en escenario donde la autoridad divina de Cristo es revelada.

Y si Él es verdaderamente Señor del caos, entonces ninguna tormenta puede redefinir su identidad.

La pregunta ya no es si el mar es peligroso.

La pregunta es: ¿Quién camina sobre él?

3

EL "YO SOY" EN MEDIO DE LA TORMENTA

La culminación del relato: una declaración inesperada

Aunque nuestro enfoque inicial ha sido Mateo 14:22–24, el relato alcanza su clímax teológico cuando Jesús se acerca a la barca caminando sobre el mar y pronuncia una frase breve pero profundamente cargada:

"¡Tened ánimo; yo soy, no temáis!"

En griego: ἐγώ εἰμι (*egō eimi*).

A primera vista, podría parecer simplemente una forma común de identificarse: "soy yo". Sin embargo, dentro del marco bíblico más amplio, esta expresión no es neutral. Mateo, escribiendo para una audiencia profundamente enraizada en la Escritura hebrea, sabe que estas palabras tienen resonancia teológica.

El momento es estratégico: noche, miedo, caos, percepción de amenaza. Y en medio de ese escenario, Jesús no ofrece primero explicación, sino identidad.

2. Éxodo 3:14 y la revelación del Nombre

En Libro del Éxodo 3:14, Dios se revela a Moisés en la zarza ardiente diciendo: "YO SOY EL QUE SOY."

En hebreo: *Ehyeh Asher Ehyeh*.

La versión griega del Antiguo Testamento (la Septuaginta) traduce esta expresión como:

ἐγώ εἰμι ὁ ὤν "Yo soy el que es."

El punto central de esta revelación no es simplemente un nombre, sino una declaración de existencia auto-suficiente, eterna y soberana. Dios no se define por referencia a otro. Él es el Ser absoluto.

Cuando Mateo presenta a Jesús diciendo ἐγώ εἰμι en medio del mar, el eco del Éxodo no puede ignorarse.

No se trata solo de identificación personal. Se trata de identidad ontológica.

3. El contexto intensifica el significado

La frase "yo soy" no ocurre en cualquier lugar. Ocurre en el mar. Ocurre mientras Jesús camina sobre el agua. Ocurre después de que el texto ya ha evocado el dominio exclusivo de Dios sobre el caos.

El lector atento conecta los elementos:

- Solo Yahvé camina sobre el mar (Job 9:8).
- Solo Yahvé calma la tormenta (Salmo 107).
- Yahvé se reveló como "Yo Soy" en Éxodo 3.

Ahora Jesús, caminando sobre el mar, declara: ἐγώ εἰμι.

La narrativa está construida como una revelación progresiva.

4. "No temáis": identidad que produce paz

Después de decir "yo soy", Jesús añade: "no temáis".

El orden es teológicamente significativo.

Primero identidad. Luego consuelo.

El miedo no se elimina por explicación meteorológica. Se elimina por revelación de quién está presente.

Esto nos enseña que la paz del cristiano no depende de ausencia de tormenta, sino de presencia del "Yo Soy".

5. Mateo y la cristología implícita

A diferencia del Evangelio según Juan, donde las declaraciones "Yo soy" son explícitas y repetidas ("Yo soy el pan", "Yo soy la luz", etc.), Mateo trabaja más por alusión que por declaración directa.

Sin embargo, la cristología de Mateo no es inferior. Es narrativa.

Mateo presenta a Jesús haciendo lo que solo Dios hace y diciendo lo que Dios dijo.

La audiencia judía comprendería la implicación sin necesidad de explicación didáctica extensa.

La revelación ocurre en el evento.

6. Identidad antes que milagro completo

Es importante notar que la declaración "yo soy" precede la calma total del viento.

La fe no descansa primero en el resultado, sino en la identidad.

Muchas veces buscamos que el viento se detenga para creer. El texto enseña que debemos creer antes de que el viento se detenga.

El "Yo Soy" es suficiente incluso cuando la tormenta aún está activa.

7. Pedro y la prueba de la identidad

Pedro responde al "Yo Soy" diciendo: "Señor, si eres tú..."

Aquí vemos el proceso humano de asimilación.

La fe crece en etapas. Primero temor. Luego reconocimiento parcial. Después experiencia.

Pedro camina sobre el agua mientras mantiene la mirada en Jesús. Cuando su atención se desplaza hacia el viento, comienza a hundirse.

La lección cristológica es clara: la estabilidad depende de la identidad de Cristo, no de la intensidad del entorno.

8. La confesión final: "Hijo de Dios"

El relato culmina con la confesión:

"Verdaderamente eres Hijo de Dios."

En Mateo, esta confesión no es mera afirmación mesiánica. Está cargada de implicaciones divinas.

En el Antiguo Testamento, "Hijo de Dios" podía referirse a rey o representante, pero en el contexto de dominio sobre el mar y la declaración "Yo Soy", la expresión adquiere profundidad ontológica.

La tormenta condujo a una comprensión más alta de quién es Jesús.

9. Implicaciones teológicas

La declaración ἐγώ εἰμι en este contexto enseña:

1   Jesús participa de la identidad divina.
2   Su autoridad no es delegada temporalmente, sino inherente.
3   La revelación ocurre en medio del caos, no fuera de él.
4   El miedo humano es confrontado por identidad divina.

No es exagerado afirmar que este episodio constituye una de las afirmaciones cristológicas más poderosas en el Evangelio de Mateo.

10. Aplicación doctrinal y pastoral

Cuando enfrentamos viento contrario, nuestra tendencia natural es preguntar: "¿Dónde está Dios?"

El texto nos enseña a escuchar primero:

"Yo Soy."

La presencia del Cristo eterno redefine la interpretación de la tormenta.

El caos no es absoluto. La oscuridad no es final. El miedo no es soberano.

El "Yo Soy" está presente.

11. Conclusión del capítulo

Mateo 14 no es simplemente una historia de fe personal en circunstancias difíciles. Es una revelación teológica profunda.

El Jesús que envía es el mismo que camina sobre el mar. El Jesús que ora es el mismo que declara "Yo Soy." El Jesús que permite la tormenta es el mismo que se revela en ella.

La identidad precede al milagro completo. La revelación precede al reposo final.

Y cuando la Iglesia comprende esto, aprende a vivir no definida por el viento, sino por la voz que dice:

"Yo Soy."

4

AUTORIDAD SOBERANA: EL CRISTO QUE ENVÍA

El acto inicial que define todo el relato

Antes de la tormenta, antes del miedo, antes del "Yo Soy", hay una acción que estructura todo el episodio: Jesús envía.

El versículo 22 declara que Jesús "hizo" que sus discípulos entraran en la barca. Como ya hemos observado, el verbo ἀναγκάζω (*anankázō*) implica compelir, obligar con autoridad.

Este detalle no es secundario. Es el fundamento teológico del pasaje.

La tormenta no es el evento principal. El envío lo es.

Si no comprendemos quién inició el movimiento, interpretaremos mal todo lo que sigue.

2. El Cristo que no reacciona, sino dirige

En muchas lecturas devocionales, la tormenta parece accidental. Sin embargo, el texto no sugiere improvisación divina. Jesús no se sorprende por el viento. Él conoce el mar. Él conoce la hora. Él conoce el proceso.

En la narrativa de Mateo, Jesús no actúa como un líder que simplemente responde a crisis externas. Actúa como Señor que gobierna incluso las condiciones que parecen adversas.

La soberanía de Cristo no es reactiva. Es directiva.

Este principio transforma nuestra teología pastoral. Si Cristo envía, entonces el proceso, incluso cuando incluye oposición, no está fuera de su conocimiento ni de su gobierno.

3. Soberanía y responsabilidad humana

El hecho de que Cristo envíe no elimina la responsabilidad de los discípulos de remar.

Aquí encontramos una tensión teológica saludable:

- Cristo determina la dirección.
- Los discípulos ejecutan la obediencia.
- Cristo gobierna el resultado.

La soberanía divina no anula la acción humana; la encuadra.

Los discípulos no podían detener el viento, pero sí podían permanecer en la barca. No controlaban la tormenta, pero sí podían continuar avanzando en obediencia.

Este equilibrio evita dos extremos:

1   Fatalismo pasivo ("Dios hará todo, no necesito hacer nada").
2   Activismo autosuficiente ("Todo depende de mí").

Mateo presenta una cooperación dinámica bajo autoridad soberana.

4. El patrón bíblico del envío

El acto de enviar es recurrente en la Escritura.

En Libro del Génesis 12, Dios envía a Abraham a una tierra desconocida. En Libro del Éxodo 3, Dios envía a Moisés a Faraón. En Libro de Isaías 6, el profeta responde: "Heme aquí, envíame a mí."

En cada caso, el envío implica riesgo, incertidumbre y dependencia.

El envío nunca es cómodo. Es formativo.

Jesús continúa este patrón divino. Él envía no solo para cumplir misión externa, sino para formar carácter interno.

5. El envío como protección espiritual

El contexto inmediato del relato nos da una pista adicional. Después de la multiplicación de los panes, la multitud estaba entusiasmada. Según Evangelio según Juan 6:15, querían hacerlo rey.

El envío inmediato podría interpretarse como una medida protectora.

Jesús separa a sus discípulos del entusiasmo político. Los saca del aplauso y los lleva al proceso.

Esto revela algo profundo sobre la autoridad soberana de Cristo: Él no solo nos dirige hacia pruebas externas; también nos protege de peligros internos.

A veces la tormenta es más segura que la multitud.

6. Autoridad que forma, no que destruye

El verbo ἀναγκάζω podría sonar severo, pero su propósito no es opresión. Es formación.

Jesús no obliga para humillar. Obliga para moldear.

La autoridad de Cristo no es tiránica. Es redentora.

El envío al mar no busca destruir la fe de los discípulos, sino profundizarla. El proceso revela debilidades, sí, pero también fortalece convicciones.

La soberanía divina tiene propósito pedagógico.

7. La noche como parte del diseño

El texto menciona que llegó la noche. La oscuridad añade intensidad al escenario.

Sin embargo, la noche no es señal de pérdida de control.

En la Escritura, Dios también gobierna la noche. Salmo 139 declara que las tinieblas no encubren de Él.

El envío incluye noche, pero la noche no incluye ausencia divina.

La soberanía de Cristo abarca tiempo, espacio y circunstancias.

8. Autoridad que no siempre explica

Es notable que Jesús no da una explicación extensa antes de enviar a los discípulos.

No detalla el propósito. No anticipa el viento. No describe el resultado final.

Esto nos enseña que la obediencia no depende de comprensión total.

La autoridad legítima no siempre explica cada detalle; invita a confiar.

La madurez espiritual incluye obedecer incluso cuando no entendemos completamente el porqué.

9. Implicaciones para la Iglesia contemporánea

La Iglesia actual muchas veces interpreta oposición como señal de error. Sin embargo, Mateo 14 desafía esa lectura simplista.

La presencia de dificultad no prueba ausencia de dirección divina.

El Cristo que envía sigue siendo soberano sobre el proceso.

Cuando ministerios atraviesan temporadas de presión, cuando líderes enfrentan resistencia, cuando creyentes experimentan noches prolongadas, la pregunta esencial no es "¿Por qué el viento?", sino "¿Quién me envió?"

Si Cristo envió, la travesía tiene propósito.

10. Conclusión del capítulo

Mateo 14:22–24 nos revela que la soberanía de Cristo no es abstracta. Es práctica. Se manifiesta en decisiones concretas, en envíos específicos, en procesos formativos.

El Cristo que envía es el mismo que gobierna el mar. El que dirige la barca es el que domina el viento. El que ordena avanzar es el que garantiza la llegada.

La autoridad soberana de Cristo no elimina la tormenta, pero sí redefine su significado.

La tormenta deja de ser accidente y se convierte en instrumento.

Y cuando entendemos esto, la obediencia deja de ser temor y se convierte en confianza.

5

LA BARCA Y LA IGLESIA EN LA HISTORIA DE LA REDENCIÓN

De evento histórico a símbolo teológico

Mateo 14 describe un evento histórico real: discípulos en una barca, en medio del mar, enfrentando viento contrario. Sin embargo, a lo largo de la historia de la interpretación cristiana, este episodio ha sido leído también en clave eclesiológica.

La barca no solo transporta discípulos; representa la comunidad de los que siguen a Cristo.

Esta interpretación no niega la historicidad del evento. Más bien reconoce que los evangelios, además de narrar hechos, revelan principios que se extienden a la experiencia colectiva del pueblo de Dios.

La Iglesia primitiva, enfrentando persecución y presión, encontró en este relato un espejo de su propia situación.

2. La barca como espacio de comunidad

Es significativo que los discípulos no estén solos individualmente en el mar. Están juntos.

La prueba no es individualista. Es comunitaria.

En la Escritura, Dios no solo salva individuos; forma un pueblo. Desde Libro del Éxodo hasta el Nuevo Testamento, la redención tiene dimensión corporativa.

La barca, entonces, simboliza la comunidad que navega en obediencia bajo la palabra de Cristo.

Esto nos recuerda que la fe cristiana no es empresa aislada. Las tormentas se enfrentan en comunidad.

3. La Iglesia enviada, no estacionada

Así como Jesús envió a los discípulos a cruzar, también envía a su Iglesia al mundo.

En Evangelio según Mateo 28:19–20, el mandato es claro: "Id…"

La Iglesia no fue diseñada para permanecer en la orilla segura. Fue enviada al mar de la historia, con sus corrientes culturales, oposición ideológica y desafíos espirituales.

El envío implica movimiento, misión y riesgo.

La barca no está anclada. Está en travesía.

4. Viento contrario en la historia de la Iglesia

Desde el libro de Hechos de los Apóstoles, la Iglesia ha enfrentado viento contrario:

- Persecución.
- Rechazo cultural.
- Oposición política.
- Conflictos internos.

Sin embargo, estas tormentas no han demostrado ausencia de Cristo, sino su fidelidad en medio del proceso.

La presión no destruyó la Iglesia primitiva; la purificó y la expandió.

El viento contrario puede convertirse en catalizador de crecimiento.

5. La presencia invisible de Cristo

En Mateo 14, Jesús no está físicamente en la barca al inicio del relato. Está en el monte orando.

Esto refleja una tensión que la Iglesia vive después de la ascensión: Cristo no está visible físicamente, pero está activo.

El Cristo exaltado intercede. Gobierna. Observa. Actúa.

La Iglesia puede sentir la ausencia física, pero nunca está abandonada.

La soberanía de Cristo no depende de visibilidad.

6. La barca no se hunde

Es importante notar que, aunque la barca es azotada, no se hunde.

La Iglesia ha atravesado siglos de persecución, crisis doctrinal, conflictos internos y oposición externa. Sin embargo, no ha sido destruida.

La promesa de Jesús en Mateo 16:18 permanece vigente: "Las puertas del Hades no prevalecerán."

El viento puede ser fuerte. Las olas pueden golpear. Pero la barca permanece.

No por la habilidad de los discípulos, sino por la autoridad del que la envió.

7. Comunidad en medio del miedo

El texto indica que los discípulos tuvieron miedo cuando vieron a Jesús acercarse. Pensaron que era un fantasma.

La Iglesia también puede interpretar erróneamente la obra de Dios cuando atraviesa crisis.

El miedo distorsiona percepción.

Sin embargo, la comunidad tiene oportunidad de escuchar juntos la voz que dice: "Yo Soy."

La revelación ocurre en comunidad.

La confesión final "Verdaderamente eres Hijo de Dios" es colectiva.

8. La Iglesia y la formación a través del proceso

El viento contrario no solo prueba individuos; forma comunidades.

La presión revela:

- Unidad o división.
- Confianza o pánico.
- Madurez o inmadurez.

La Iglesia crece no solo a través de expansión numérica, sino a través de procesos formativos en medio de dificultad.

La barca azotada es aula teológica.

9. Aplicación para la Iglesia contemporánea

Hoy la Iglesia enfrenta:

- Secularismo creciente.
- Relativismo moral.
- Persecución en diferentes regiones.
- Crisis internas.

El relato de Mateo 14 nos recuerda que la oposición no es señal de fracaso del evangelio.

La barca fue enviada por Cristo mismo.

La Iglesia no es experimento humano. Es comunidad enviada por autoridad divina.

El viento contrario no redefine su identidad.

10. Conclusión del capítulo

La barca en Mateo 14 representa más que un medio de transporte. Representa la comunidad de discípulos navegando en obediencia en medio de oposición.

La Iglesia no fue llamada a evitar el mar, sino a cruzarlo.

La tormenta no es señal de abandono. Es parte del proceso formativo bajo soberanía divina.

Y aunque Cristo no siempre esté visible en la barca, su autoridad y su intercesión permanecen activas.

La historia de la redención no es historia de una Iglesia sin tormentas, sino de una Iglesia sostenida por el Señor del mar.

6

HOMBRE QUE ORA, DIOS QUE GOBIERNA

Una escena dividida: monte y mar

El relato de Mateo 14 presenta dos escenarios simultáneos:

- Jesús en el monte, orando.
- Los discípulos en el mar, luchando contra el viento.

Esta división narrativa no es accidental. Mateo está mostrando dos realidades que coexisten: la humanidad real de Cristo y su autoridad soberana.

En el monte, Jesús ora como hombre.

En el mar, Jesús gobierna como Señor.

Aquí no vemos contradicción, sino misterio encarnacional.

2. La oración de Jesús: verdadera humanidad

El versículo 23 dice que Jesús "subió al monte a orar aparte".

Este detalle afirma la autenticidad de su humanidad.

Jesús no es una manifestación divina disfrazada. Es verdadero hombre que ora, busca comunión con el Padre y participa plenamente de la experiencia humana.

La oración no es símbolo teatral; es expresión de relación.

En el Evangelio de Mateo, la oración de Jesús revela dependencia funcional dentro de la economía de la encarnación. Aunque comparte la naturaleza divina, en su misión terrenal vive en obediencia al Padre.

Esto es teológicamente crucial.

Cristo no deja de ser Dios cuando ora.

Pero tampoco deja de ser hombre cuando gobierna el mar.

3. La cristología de dos naturalezas

La Iglesia histórica ha confesado que Cristo es verdadero Dios y verdadero hombre.

Este episodio ilustra esa confesión de manera narrativa:

- Como hombre, experimenta cansancio, necesidad de retiro, y ora.
- Como Dios, domina el mar, camina sobre el agua y calma el viento.

No hay confusión de naturalezas ni división de persona.

El que ora es el mismo que gobierna.

Esta unidad personal en dos naturalezas es uno de los pilares de la fe cristiana.

4. Oración y soberanía no son opuestas

Algunos podrían preguntarse: si Jesús es soberano, ¿por qué ora?

La respuesta no disminuye su divinidad, sino que profundiza nuestra comprensión de la encarnación.

En su estado terrenal, Jesús vive en perfecta comunión con el Padre. Su oración no es señal de impotencia, sino expresión de relación trinitaria y dependencia voluntaria.

La soberanía divina no elimina la oración; la integra.

Esto tiene implicaciones para la Iglesia.

Si el Señor del mar ora, cuánto más la Iglesia enviada debe depender de la oración.

5. El Cristo exaltado que intercede

Aunque Mateo no desarrolla explícitamente una teología de la intercesión celestial en este pasaje, la imagen de Jesús en el monte mientras los discípulos luchan en el mar anticipa una realidad más amplia revelada en el Nuevo Testamento.

En Carta a los Hebreos 7:25 se afirma que Cristo vive para interceder.

El Cristo resucitado no es espectador distante. Es intercesor activo.

La escena del monte y el mar se convierte en una imagen poderosa de esta verdad: mientras la Iglesia enfrenta oposición, Cristo intercede.

6. La distancia aparente y la presencia real

Desde la perspectiva de los discípulos, Jesús no está en la barca. Están solos.

Desde la perspectiva narrativa, sabemos que no están abandonados.

Aquí encontramos una tensión espiritual que la Iglesia conoce bien:

La percepción humana puede sugerir distancia.

La realidad teológica afirma presencia activa.

El hecho de que Cristo no esté físicamente en la barca no significa ausencia de cuidado.

La fe madura aprende a vivir entre percepción limitada y realidad invisible.

7. El momento de la revelación

En la cuarta vigilia de la noche, Jesús se acerca caminando sobre el mar.

La vigilia romana dividía la noche en cuatro partes; la cuarta correspondía a las horas más profundas antes del amanecer.

Teológicamente, este detalle es significativo.

La intervención ocurre en el punto más oscuro.

La revelación no llega al inicio de la dificultad, sino en su momento más intenso.

El Cristo que ora en el monte desciende al mar en el tiempo preciso.

8. Unidad de persona, diversidad de acción

Es fundamental afirmar que el Jesús que ora y el Jesús que gobierna no son dos sujetos distintos.

La cristología ortodoxa sostiene que hay una sola persona con dos naturalezas.

El que experimenta fatiga es el mismo que domina el viento.

El que busca comunión con el Padre es el mismo que declara "Yo Soy."

Este equilibrio protege tanto la plena humanidad como la plena divinidad de Cristo.

Si negamos su humanidad, perdemos el modelo de obediencia.

Si negamos su divinidad, perdemos el fundamento de confianza.

9. Implicaciones para la Iglesia contemporánea

La Iglesia navega en un mundo complejo. Puede experimentar noches prolongadas, oposición cultural y presión interna.

Sin embargo, el Cristo que ora y gobierna permanece activo.

Su humanidad nos asegura cercanía.

Su divinidad nos asegura soberanía.

Él entiende nuestra lucha porque vivió la condición humana.

Él domina el caos porque comparte la identidad divina.

Esta doble realidad sostiene la esperanza del cristiano.

10. Conclusión del capítulo

Mateo 14 nos presenta una escena que encapsula el misterio de la encarnación.

En el monte, vemos dependencia.

En el mar, vemos dominio.

En la declaración "Yo Soy", vemos identidad eterna.

El Cristo que envía es hombre verdadero.

El Cristo que gobierna el viento es Dios verdadero.

La Iglesia no confía en un líder distante ni en un mártir impotente. Confía en el Señor encarnado que intercede y gobierna simultáneamente.

Cuando comprendemos esta verdad, la tormenta deja de ser amenaza definitiva y se convierte en escenario donde el Dios-hombre revela su gloria.

7

LA TORMENTA COMO ESCENARIO DE REVELACIÓN

La tormenta no como interrupción, sino como escenario

Cuando leemos el relato de Mateo 14, nuestra tendencia natural es considerar la tormenta como obstáculo accidental en la travesía. Sin embargo, una lectura exegética cuidadosa revela algo distinto: la tormenta no interrumpe el propósito; lo sirve.

Jesús no pierde control del proceso cuando el viento sopla. De hecho, el viento forma parte del proceso que conduce a una revelación más profunda de su identidad.

La tormenta no es el problema central del relato. Es el escenario donde la identidad de Cristo se manifiesta con mayor claridad.

2. El patrón bíblico: revelación en medio de crisis

En la Escritura, Dios frecuentemente se revela en momentos de crisis:

En Libro del Éxodo 14, el Mar Rojo se convierte en escenario donde Israel descubre el poder redentor de Dios.

En el Libro de Daniel 3, el horno ardiente se convierte en escenario de revelación de la presencia divina.

En Libro de Job 38–42, el sufrimiento prolongado se convierte en el contexto donde Job recibe una visión más profunda de la soberanía de Dios.

El patrón es consistente: la revelación no siempre ocurre en la calma, sino en el conflicto.

Mateo 14 se inserta dentro de este patrón bíblico.

3. El viento como instrumento pedagógico

El texto utiliza el verbo βασανίζω (*basanízō*) para describir la barca azotada por las olas. Esta palabra, además de significar tormento o presión, tenía uso en el contexto de probar metales mediante una piedra de toque.

El sufrimiento, entonces, no solo presiona; revela autenticidad.

La tormenta no crea fe donde no existe. La tormenta revela el tipo de fe que está presente.

Pedro camina mientras fija su mirada en Jesús. Se hunde cuando su atención se desplaza al viento.

El viento no cambia la identidad de Cristo. Revela la estabilidad de la fe humana.

4. Oscuridad y revelación

El relato indica que el evento ocurre durante la noche.

La oscuridad intensifica la percepción de amenaza. Limita la visibilidad. Amplifica el miedo.

Sin embargo, teológicamente, la noche no impide la revelación divina.

En Libro de los Salmos 139 se declara que la noche resplandece como el día delante de Dios.

La revelación de Cristo en la tormenta ocurre precisamente cuando la percepción humana es más limitada.

Esto nos enseña que la claridad espiritual no depende de claridad circunstancial.

5. La progresión hacia la confesión

El relato culmina con la confesión colectiva: "Verdaderamente eres Hijo de Dios."

Es significativo que esta confesión no surge durante la multiplicación de los panes, sino después de la tormenta.

El milagro de provisión produjo asombro. La tormenta produjo adoración.

La experiencia del caos controlado llevó a una comprensión más profunda de quién es Jesús.

La tormenta, entonces, funciona como catalizador de revelación cristológica.

6. El proceso como formación comunitaria

La revelación no es solo individual. Es comunitaria.

Los discípulos atraviesan juntos la experiencia del miedo, la duda y finalmente la adoración.

La Iglesia también aprende colectivamente a través de procesos difíciles.

Las temporadas de presión pueden purificar la comunidad, clarificar su fe y profundizar su comprensión de Cristo.

La tormenta no solo prueba individuos; forma comunidades confesantes.

7. Revelación progresiva en Mateo

El Evangelio de Mateo presenta una revelación gradual de la identidad de Jesús.

En capítulos anteriores, Jesús es:

- Maestro con autoridad.
- Sanador poderoso.

- Señor sobre la naturaleza.

En Mateo 14, la identidad se intensifica hacia reconocimiento explícito como Hijo de Dios.

La tormenta funciona como puente narrativo hacia esa confesión.

Sin la crisis, la revelación habría sido menos profunda.

8. La pedagogía del retraso

Es importante notar que Jesús no interviene inmediatamente.

El relato indica que la intervención ocurre en la cuarta vigilia de la noche.

Este detalle muestra que la revelación puede incluir espera.

El retraso no es indiferencia. Es parte de la pedagogía divina.

Dios no siempre elimina la tormenta al primer clamor. A veces permite que la experiencia profundice la dependencia antes de revelar plenamente su presencia.

9. Implicaciones pastorales

Para la Iglesia contemporánea, este capítulo ofrece una perspectiva transformadora:

Las crisis no siempre son interrupciones del plan de Dios. Pueden ser escenarios donde la comprensión de Cristo se profundiza.

El sufrimiento no siempre indica fracaso espiritual. Puede ser proceso formativo.

La pregunta no es únicamente "¿Cómo salgo de esta tormenta?" Sino "¿Qué está revelando Cristo sobre sí mismo en medio de ella?"

10. Conclusión del capítulo

Mateo 14 presenta la tormenta no como accidente ni como castigo, sino como escenario pedagógico donde la identidad de Jesús es revelada con mayor claridad.

El viento no redefine a Cristo. La oscuridad no limita su presencia. La presión no disminuye su autoridad.

La tormenta se convierte en aula teológica.

Y cuando la Iglesia aprende a interpretar el caos como escenario de revelación, su fe se desplaza del miedo circunstancial hacia la adoración confesante.

La tormenta no es el final del relato. Es el medio por el cual los discípulos dicen: "Verdaderamente eres Hijo de Dios."

8

CRISTOLOGÍA Y CONFESIÓN: "VERDADERAMENTE ERES HIJO DE DIOS"

El clímax del relato: de la tormenta a la adoración

Después del viento contrario, después del miedo, después del intento fallido de Pedro y del rescate misericordioso de Jesús, el relato alcanza su punto culminante:

"Entonces los que estaban en la barca vinieron y le adoraron, diciendo: Verdaderamente eres Hijo de Dios."

Este versículo no es un comentario devocional añadido. Es el propósito narrativo del episodio.

Todo el proceso — el envío, la noche, el viento, el "Yo Soy", el rescate — conduce a esta confesión.

La tormenta fue el camino hacia la adoración.

2. La primera confesión explícita corporativa

Es importante notar que esta es la primera vez en el Evangelio de Mateo que los discípulos colectivamente confiesan a Jesús como Hijo de Dios de manera explícita.

Antes habían visto milagros. Antes habían escuchado enseñanzas. Antes habían presenciado autoridad sobre demonios y enfermedad.

Pero ahora, en el contexto del dominio sobre el mar y la declaración "Yo Soy", la confesión adquiere profundidad teológica.

No es admiración superficial. Es reconocimiento ontológico.

3. "Hijo de Dios" en el Antiguo Testamento

En la Escritura hebrea, la expresión "Hijo de Dios" podía tener varios significados:

- Israel como pueblo (Éxodo 4:22).
- El rey davídico (Salmo 2:7).
- Seres celestiales en ciertos contextos.

Sin embargo, en Mateo 14 el título no puede reducirse simplemente a categoría real o representativa.

¿Por qué?

Porque viene después de que Jesús:

- Camina sobre el mar (atributo divino).
- Declara "Yo Soy" (eco del Nombre divino).
- Recibe adoración.

El contexto eleva el significado.

4. La adoración como confirmación cristológica

El texto afirma que los discípulos "le adoraron."

En el mundo judío del primer siglo, la adoración estaba reservada exclusivamente para Dios.

Mateo no presenta a Jesús rechazando la adoración. La recibe.

Esto es crucial.

Si Jesús fuera meramente un profeta, la aceptación de adoración sería teológicamente problemática dentro del monoteísmo judío.

Pero Mateo construye su narrativa de tal manera que la adoración es la respuesta apropiada a la identidad revelada.

La cristología no es solo afirmación verbal; es adoración dirigida.

5. Confesión en medio del proceso, no antes

Es significativo que la confesión no ocurre antes de la tormenta.

La multiplicación de los panes produjo asombro, pero no confesión explícita.

La tormenta produjo adoración.

Esto revela un principio espiritual profundo: el conocimiento teórico puede preceder al conocimiento confesional.

Se puede admirar a Cristo sin comprender plenamente quién es.

La experiencia del caos controlado llevó a una comprensión más profunda.

6. La progresión hacia Mateo 16

Esta confesión en Mateo 14 prepara el terreno para la declaración de Pedro en Mateo 16:

"Tú eres el Cristo, el Hijo del Dios viviente."

La revelación es progresiva.

Mateo 14 introduce confesión en contexto de naturaleza dominada. Mateo 16 profundiza en identidad mesiánica y divina.

La tormenta es un paso en el camino hacia comprensión plena.

7. Cristología narrativa y confesión eclesial

El Evangelio de Mateo no presenta una cristología sistemática en forma de tratado filosófico. Presenta una cristología narrativa.

Los eventos revelan lo que las fórmulas doctrinales posteriormente confesarán.

La Iglesia histórica formulará doctrinas sobre la naturaleza de Cristo. Pero esas formulaciones se apoyan en textos como este.

La confesión "Verdaderamente eres Hijo de Dios" no es exageración emocional. Es conclusión teológica basada en evidencia narrativa.

8. Confesión que transforma miedo en adoración

El mismo grupo que antes gritaba por miedo ahora adora.

El miedo se convierte en reverencia. La incertidumbre se transforma en reconocimiento.

La revelación de la identidad de Cristo redefine la experiencia humana.

La tormenta no desaparece primero; la confesión surge cuando Cristo entra en la barca.

La presencia produce adoración.

9. Implicaciones para la Iglesia contemporánea

La Iglesia hoy también enfrenta vientos contrarios:

- Presión cultural.
- Desafíos doctrinales.
- Dificultades internas.

La respuesta última no es mera estrategia organizacional. Es confesión renovada.

Cuando la Iglesia redescubre quién es Cristo, la adoración se fortalece incluso en medio del proceso.

La identidad correcta produce confianza correcta.

10. La confesión como fundamento de misión

La adoración no termina en la barca. Conduce hacia adelante.

Una comunidad que ha confesado a Cristo como Hijo de Dios no puede permanecer indiferente.

La confesión impulsa misión.

Mateo culminará su evangelio con la gran comisión, donde el mismo Hijo de Dios enviará a sus discípulos con autoridad universal.

La confesión precede al envío final.

11. Conclusión del capítulo

Mateo 14:33 es más que cierre de episodio; es declaración cristológica central.

El Jesús que envía es Hijo de Dios. El Jesús que ora es Hijo de Dios. El Jesús que domina el mar es Hijo de Dios. El Jesús que recibe adoración es Hijo de Dios.

La tormenta condujo a la confesión. La confesión condujo a la adoración.

Y la adoración correcta descansa en una identidad correctamente comprendida.

La Iglesia no navega simplemente con esperanza emocional. Navega con confesión doctrinal.

"Verdaderamente eres Hijo de Dios."

9

IMPLICACIONES DOCTRINALES PARA LA IGLESIA HOY

De la narrativa a la doctrina

Hasta este punto hemos observado el desarrollo narrativo del texto: el envío soberano, la tormenta prolongada, la oración en el monte, la caminata sobre el mar, la declaración "Yo Soy" y la confesión final de los discípulos.

Ahora debemos dar un paso adicional: ¿qué implica doctrinalmente este pasaje para la Iglesia contemporánea?

La narrativa no fue escrita solo para informar sobre un evento histórico, sino para formar la fe de la comunidad creyente.

Las implicaciones son profundas y abarcan áreas centrales de la teología cristiana.

2. Doctrina de la soberanía de Cristo

Mateo 14 reafirma que Cristo no es simplemente guía espiritual, sino Señor soberano.

La Iglesia debe recuperar una visión alta de la soberanía de Cristo.

El viento contrario no es autónomo. Las circunstancias no gobiernan la historia. La oposición no define el destino.

El Cristo que envía es el Cristo que gobierna.

Esta convicción protege a la Iglesia del pánico teológico cuando enfrenta crisis culturales o persecución.

3. Doctrina de la encarnación

El capítulo anterior mostró cómo este relato revela simultáneamente la humanidad y la divinidad de Cristo.

Para la Iglesia hoy, esta verdad no es meramente académica. Es pastoral.

Si Cristo es verdaderamente hombre, entiende nuestra debilidad. Si Cristo es verdaderamente Dios, puede sostenernos en el caos.

Negar cualquiera de estas dimensiones debilita la esperanza de la iglesia.

La Iglesia no confía en un maestro admirable ni en un espíritu distante, sino en el Dios-hombre que intercede y gobierna.

4. Doctrina de la perseverancia en medio de la prueba

El texto muestra que los discípulos permanecieron en la barca.

No saltaron al mar en desesperación. No regresaron a la orilla.

La Iglesia debe aprender a perseverar en obediencia incluso cuando la experiencia incluye viento contrario.

La perseverancia no es obstinación humana; es fidelidad bajo dirección divina.

En un contexto cultural que valora resultados inmediatos, Mateo 14 enseña paciencia teológica.

5. Doctrina de la revelación progresiva

La confesión "Verdaderamente eres Hijo de Dios" surge después del proceso.

La revelación no siempre es instantánea. Puede desarrollarse a través de experiencias formativas.

La Iglesia contemporánea debe reconocer que la comprensión profunda de Cristo se cultiva en la travesía, no solo en la teoría.

El discipulado implica caminar, enfrentar, aprender y confesar.

6. Doctrina de la adoración centrada en identidad

La adoración de los discípulos surge como respuesta a identidad revelada.

La Iglesia no adora por emoción pasajera ni por circunstancias favorables. Adora porque ha reconocido quién es Cristo.

La adoración bíblica es cristológica.

Cuando la Iglesia pierde claridad sobre la identidad de Cristo, su adoración se debilita.

Mateo 14 nos recuerda que la verdadera adoración surge cuando comprendemos que el que está en la barca es el Señor del mar.

7. Doctrina de la misión en medio de oposición

La Iglesia fue enviada al mundo como los discípulos fueron enviados al mar.

La oposición no invalida la misión.

En Hechos de los Apóstoles, la expansión del evangelio ocurre precisamente en medio de persecución.

El viento contrario puede convertirse en medio de expansión y purificación.

La Iglesia no mide la fidelidad por ausencia de dificultad, sino por obediencia sostenida.

8. Doctrina de la esperanza escatológica

El dominio de Cristo sobre el mar anticipa el triunfo final sobre todo caos.

En Apocalipsis 21:1 se declara que en la nueva creación "el mar ya no existía más."

Este símbolo no implica desaparición literal de agua necesariamente, sino eliminación definitiva del caos y amenaza.

El Cristo que dominó el mar en Mateo 14 es el mismo que culminará la historia redentora.

La Iglesia vive en esperanza escatológica.

9. Aplicación pastoral integral

Para la Iglesia hoy, Mateo 14 enseña:

- La crisis no cancela la soberanía.
- La presión no contradice la identidad de Cristo.
- La espera no implica abandono.
- La confesión surge en el proceso.

La iglesia debe interpretar sus desafíos a la luz de esta narrativa teológica.

Cuando la Iglesia recuerda quién es Cristo, su fe se estabiliza aun cuando el viento sopla.

10. Conclusión del capítulo

Mateo 14 no es solo relato histórico; es fundamento doctrinal.

Cristo es soberano. Cristo es Dios encarnado. Cristo intercede.Cristo revela su identidad en medio del proceso. Cristo recibe adoración legítima.

La Iglesia que internaliza estas verdades no es definida por el viento, sino por la voz que dice "Yo Soy."

Y cuando esa voz es reconocida, la tormenta pierde su poder intimidante.

10

DESCANSANDO EN EL SEÑOR DEL MAR

Del análisis a la confianza

A lo largo de este manuscrito hemos recorrido el simbolismo del mar en el Antiguo Testamento, la autoridad soberana de Cristo, la profundidad cristológica del "Yo Soy", la dimensión eclesiológica de la barca, la unión de las dos naturalezas en la encarnación y la confesión final de los discípulos.

Ahora debemos dar el último paso: ¿qué significa descansar en el Señor del mar?

El propósito de la exégesis no es únicamente informar la mente, sino estabilizar el corazón.

La teología correcta conduce a confianza correcta.

2. Descanso no es ausencia de viento

Descansar en Cristo no significa que el viento desaparece inmediatamente.

En Mateo 14, la calma completa ocurre después de que Jesús entra en la barca. Sin embargo, la paz comienza antes, cuando Él declara: "Yo Soy."

El descanso auténtico no depende primero del cambio externo, sino del reconocimiento interno de quién gobierna.

La Iglesia debe aprender esta distinción.

Si nuestra paz depende exclusivamente de circunstancias favorables, nuestra estabilidad será frágil.

Pero si nuestra paz depende de la identidad de Cristo, entonces puede coexistir con oposición.

3. La memoria teológica como ancla

Los discípulos habían visto milagros antes de esta tormenta. Sin embargo, el miedo los dominó cuando el viento sopló.

La experiencia humana tiende a olvidar revelaciones previas en momentos de presión.

Por eso la Iglesia necesita memoria teológica.

Recordar quién es Cristo no es repetición vacía; es ancla espiritual.

El mismo que multiplicó los panes es el que camina sobre el mar. El mismo que envió es el que sostiene.

El alma del cristiano se alimenta cuando su mente está llena de verdad bíblica

4. El Señor del mar y la soberanía histórica

El mar en Mateo 14 representa más que agua física. Simboliza caos, incertidumbre y amenaza.

En la historia contemporánea, el "mar" puede manifestarse en forma de:

- Crisis sociales.
- Inestabilidad política.
- Confusión cultural.
- Aflicción personal.

Descansar en el Señor del mar significa reconocer que ninguna de estas fuerzas opera fuera de su soberanía.

Cristo no es figura religiosa limitada al ámbito privado. Es Señor de la historia.

La Iglesia vive con serenidad no porque niegue la existencia del caos, sino porque confiesa quién lo gobierna.

5. La tensión entre esfuerzo y confianza

Los discípulos remaron. No permanecieron pasivos.

El descanso bíblico no es inactividad irresponsable. Es esfuerzo sostenido bajo confianza soberana.

La Iglesia trabaja, sirve, evangeliza y persevera. Pero no lo hace desde ansiedad desesperada.

Remar y descansar no son opuestos cuando la dirección proviene de Cristo.

El descanso verdadero es obediencia sin pánico.

6. El Señor del mar y la formación del carácter

La tormenta formó a los discípulos.

La fe superficial se transforma en confesión profunda cuando atraviesa proceso.

Descansar en Cristo no significa evitar formación. Significa confiar en que la formación ocurre bajo su gobierno.

La Iglesia madura cuando aprende a interpretar la presión como parte del proceso redentor.

7. Esperanza escatológica y descanso presente

El dominio de Cristo sobre el mar en Mateo 14 anticipa el triunfo final sobre todo caos.

En Apocalipsis 21 se presenta una visión donde el mar ya no es símbolo de amenaza.

La historia redentora culmina con eliminación definitiva del caos.

Descansar en el Señor del mar hoy es vivir a la luz de ese futuro seguro.

La esperanza escatológica produce estabilidad presente.

8. Confianza que produce adoración

El relato termina con adoración.

El descanso del cristiano no termina en introspección, sino en doxología.

Cuando la Iglesia comprende quién es Cristo, su respuesta natural es adoración reverente.

La adoración no ignora la tormenta; la contextualiza.

No adoramos porque el viento nunca sopla. Adoramos porque el Señor del viento está presente.

9. Integración final de los capítulos

Hemos visto que:

- El mar simboliza caos bajo control divino.
- Jesús ejerce dominio exclusivo reservado a Yahvé.
- La declaración "Yo Soy" revela identidad eterna.
- La barca representa la comunidad enviada.
- La encarnación une oración y soberanía.
- La tormenta es escenario pedagógico.
- La confesión surge del proceso.
- Las implicaciones doctrinales sostienen a la Iglesia.

Todo converge en una verdad central:

Cristo es Señor del mar.

10. Conclusión teológica final

Mateo 14 no es simplemente historia inspiradora. Es revelación cristológica.

El Cristo que envía no pierde control. El Cristo que ora no abandona. El Cristo que camina sobre el mar no compite con el caos; lo gobierna.

Descansar en Él no elimina toda tormenta, pero redefine su significado.

La Iglesia puede enfrentar viento contrario sin perder identidad.

Porque su identidad no depende del clima, sino del Señor que dice:

"Yo Soy."

Y cuando esa voz es escuchada, la barca puede continuar avanzando,no con negación del viento,sino con confianza en el Señor del mar.

CONCLUSIÓN

El Señor del Mar y la Fe que Permanece.

El relato de Mateo 14 nos ha conducido a través de una travesía teológica que comienza con una orden inesperada y culmina en una confesión transformadora. Lo que inició con un envío aparentemente sencillo terminó revelando una de las declaraciones cristológicas más profundas del Evangelio.

Jesús hizo entrar a sus discípulos en la barca.

El viento era contrario.

La noche se extendió.

El miedo se apoderó de ellos.

Y, sin embargo, nada de esto escapaba a su soberanía.

A lo largo de este analisis hemos visto que el mar, en la tradición bíblica, simboliza caos y amenaza; que solo Yahvé gobierna las aguas; que caminar sobre el mar es prerrogativa divina; que el "Yo Soy" conecta con la revelación del Nombre en el Sinaí; y que la confesión "Verdaderamente eres Hijo de Dios" no es simple emoción, sino conclusión teológica.

La tormenta no disminuyó la identidad de Cristo.

La reveló.

Este es el punto central que la Iglesia debe recuperar en cada generación: la identidad de Jesús no depende de las circunstancias. No se fortalece en la calma ni se debilita en el caos. Él es Señor en ambos escenarios.

El viento contrario no redefinió su autoridad.

La oscuridad no limitó su presencia.

La presión no alteró su propósito.

Y si esto es cierto —y el texto afirma que lo es— entonces la Iglesia puede enfrentar su propio mar con confianza doctrinal y serenidad espiritual.

Vivimos en tiempos donde los vientos culturales soplan con fuerza. Las corrientes ideológicas cambian con rapidez. La presión social y espiritual puede sentirse intensa. Pero Mateo 14 nos recuerda que la fe del cristiano no descansa en estabilidad circunstancial, sino en identidad revelada.

El Señor que envía es el mismo que gobierna.
El que permite el proceso es el que garantiza el destino.
El que ora en el monte es el que camina sobre el mar.

La barca puede ser azotada, pero no abandonada.
La Iglesia puede ser probada, pero no destruida.

Porque el que está en medio de ella es el Señor del mar.

Finalmente, el relato termina en adoración. Y eso no es accidental. La teología correcta conduce a la doxología correcta. Cuando la Iglesia comprende quién es Cristo, su respuesta natural es reverencia.

La tormenta llevó a los discípulos a decir:
"Verdaderamente eres Hijo de Dios."

Esa confesión sigue siendo el fundamento de la Iglesia hoy.

No una confesión superficial.
No una declaración cultural.
Sino una convicción forjada en medio del proceso.

Que cada lector de estas páginas aprenda a interpretar su viento contrario no como señal de abandono, sino como escenario donde el Señor del mar se revela con mayor claridad.

Y que, al final de cada travesía, la respuesta sea la misma:
Adoración.
"Verdaderamente eres Hijo de Dios."

ACERCA DEL AUTOR

Alfredo E. Phipps, Jr. es autor, escritor, y educador cristiano. Obtuvo su título en Educación Cristiana en Liberty University en el 2015 y en 2025 completó un Diplomado en Ministerio Pentecostal Wesleyano (DMPW) en el Pentecostal Theological Seminary, Cleveland, Tennessee. Ha publicado los libros *Challenging the Unknown (Desafiando lo Desconocido)* (2019), *Mis Primeros Pasos* (2022) y *Sirviendo en mi Iglesia Local* (2024). En el 2022 fundo Casa Editorial Phipps LLC. con el proposito de publicar material educativo cristiano. Está casado con Yamiri Phipps, y juntos tienen tres hijos, y un nieto.

Alfredo E. Phipps, Jr. es pastor de la iglesia Restauración Church en Maryland, USA; donde esta dedicando su labor ministerial y educativa para la formación y crecimiento espiritual de la iglesia local.

BIBLIOGRAFÍA

Allison, Dale C., Jr. *The New Moses: A Matthean Typology*. Eugene, OR: Previously published by Fortress Press, 1993; Wipf and Stock Publishers, Febrero 1, 2013.

Athanasius. *On the Incarnation*. Translated by John Behr. Yonkers, NY: St. Vladimir's Seminary Press, Enero 3, 2012.

Bauckham, Richard. *Jesus and the God of Israel: God Crucified and Other Studies on the New Testament's Christology of Divine Identity*. Grand Rapids, MI: Eerdmans, Nov 29, 2008.

Bavinck, Herman. *Reformed Dogmatics. Vol. 3, Sin and Salvation in Christ*. Edited by John Bolt. Translated by John Vriend. Ada, MI: Baker Academic, April 1, 2006.

Calvin, John. *Commentary on a Harmony of the Evangelists, Matthew, Mark, and Luke Volumw 1*. London, Delton House/Palala Press, May 2, 2016.

Carson, D. A. "*Matthew.*" In *The Expositor's Bible Commentary*, Vol. 8. Grand Rapids: Zondervan, 1984.

France, R. T. *The Gospel of Matthew*. New International Commentary on the New Testament. Grand Rapids: Eerdmans, 2007.

Hays, Richard B. *Echoes of Scripture in the Gospels*. Waco, TX: Baylor University Press, 2017.

Hurtado, Larry W. *Lord Jesus Christ: Devotion to Jesus in Earliest Christianity*. Grand Rapids: Eerdmans, 2005.

Keener, Craig S. *Matthew: A Commentary on the New Testament (Volume 1)*. Westmont, IL: IVP Academic, 2011.

Luz, Ulrich. *Matthew 8–20*. Hermeneia. Minneapolis: Fortress Press, 2001.

Morris, Leon. *The Gospel According to Matthew (The Pillar New Testament Commentary (PNTC))*. Grand Rapids: Eerdmans, 1992.

Osborne, Grant R. *Matthew*. Zondervan Exegetical Commentary on the New Testament. Grand Rapids: Zondervan, 2010.

Torrance, Thomas F. *Incarnation: The Person and Life of Christ*. Downers Grove, IL: IVP Academic, 2015.

Wright, N. T. *Jesus and the Victory of God*. Minneapolis: Fortress Press, 1997.
Wilkins, Michael J. *Matthew*. NIV Application Commentary. Grand Rapids: Zondervan Academic, 2003.